"O seu trabalho é gar[...]
você vai estar todo dia, das no[...]
das sete até as três. Se e[...]
[...]cedo ou [...]
[...]astiga[...]

— [Luis Fernando] Veríssimo

[...]scrita é a[...]
alguém ne per[...]
escrever, em d[...]
homens e mu[...]
tipo de esc[...]
tentava desco[...]
— William Z[...]

[...]es, quando eu estava começand[...]
[...]e não conseguia fazê-la decolar, eu me
[...]em frente à lareira e espremia a casca
[...]enas laranjas nas chamas, e ficava
[...]do as fagulhas azuis que isso criava.
[...]ficava de pé e olhava para fora, para acima dos
[...]s de Paris, e pensava: 'Não se preocupe.
[...]empre escreveu antes e vai escrever
[...] Tudo o que você precisa fazer é escrever
[...]ase verdadeira. Escreva a frase mais
[...]deira que você sabe'. Então eu finalmente
[...]ia uma frase verdadeira, e dali seguia em
[...]. Aí era fácil, porque sempre havia uma
[...] verdadeira, que eu conhecia ou havia visto
[...]vido alguém dizer." — Ernest Hemingway

"Não us[...]
assunto.[...]
deseja di[...]
terá nenhu[...]
quiser fal[...]
K. S. [...]
se escrev[...]
intensamente.[...]
sentimentos, [...]
sentimentos."[...]

[...]prendida pela imitação. Se
[...]gun[...]asse como eu aprendi a
[...]ria que aprendi lendo os
[...]res que estavam fazend[...]

Conte comigo,

Renate Sturm

O meu
CAMINHO
DO LIVRO

EXEMPLAR NUMERADO

147/500

Copyright © 2022 por
Renata Sturm

Todos os direitos desta publicação reservados à Maquinaria Sankto Editora e Distribuidora LTDA. Este livro segue o Novo Acordo Ortográfico de 1990.

É vedada a reprodução total ou parcial desta obra sem a prévia autorização, salvo como referência de pesquisa ou citação acompanhada da respectiva indicação. A violação dos direitos autorais é crime estabelecido na Lei n.9.610/98 e punido pelo artigo 194 do Código Penal.

Diretor Executivo
Guther Faggion

Diretor de Operações
Jardel Nascimento

Diretor Financeiro
Nilson Roberto da Silva

Publisher
Renata Sturm

Editora
Gabriela Castro

Redação
Vanessa Nagayoshi

Direção de Arte
Rafael Bersi, Matheus Costa

Dados Internacionais de Catalogação na Publicação (CIP)
Angélica Ilacqua – CRB-8/7057

STURM, Renata
　O meu Caminho do Livro/ Renata Sturm.
　São Paulo: Maquinaria Sankto Editora e Distribuidora LTDA, 2022.
　　208 p.

　　ISBN 978-65-88370-70-4

　　1. Agendas - Planejamento 2. Diários (Livros em branco)
　　3. Escrita – Planejamento I. Título

22-3022　　　　　　　　　　　　　　　　　　　CDD-808.02

Índices para Catálogo Sistemático:
1. Escrita – Planejamento

---

maquinaria EDITORIAL

R. Leonardo Nunes, 194 - Vila da Saúde,
São Paulo – SP – CEP: 04039-010
www.mqnr.com.br

INTRODUÇÃO

AS PESSOAS COSTUMAM DIZER que escrever um livro é um dom. E é verdade. Tem gente que já nasceu com esse talento, que carrega essa paixão desde a infância e que sempre teve seus objetivos muito claros na cabeça: escrever uma obra, publicá-la e espalhar sua mensagem para o mundo.

O que muitos talvez não saibam é que ninguém nasce autor, torna-se autor. E isso envolve muito trabalho, estudos, exercícios diários, disciplina e principalmente persistência. Não existe talento sem esforço. É como praticar um esporte novo ou um hobby: você tem que fazer todos os dias. Não tem jeito, é um processo de dor e sofrimento. É assim que nos ensinou Truman Capote:

> *"O único recurso que conheço é o trabalho. A escrita tem leis de perspectiva, luz e sombra, assim como a pintura ou a música. Se você já nasceu conhecendo-as, ótimo. Se não, precisa aprendê-las. E depois precisa rearranjar as regras a fim de adaptá-las a si próprio".*

É o trabalho constante da escrita e a arte de contar histórias que leva você a se tornar um grande autor. Afinal, o seu dom é como um diamante: precisa ser lapidado para expor o seu verdadeiro brilho. Nada adianta ter um sonho, um talento e muitas ideias boas se tudo isso ficar escondido dentro de você. Não tenha medo de errar, de falhar, de receber críticas, de recuar alguns passos. O que você precisa fazer é colocar suas ideias para fora e registrar tudo o que pode ser útil para o seu livro, até mesmo aquilo que você julga não ser, como uma conversa no elevador ou uma história que ouviu de uma pessoa na fila do supermercado.

Muitas vezes, por nos sentirmos pressionados a atender as expectativas dos outros, optamos por pegar atalhos, aqueles caminhos que já foram trilhados por autores de sucesso. Só que, para nos encaixar aos moldes do que já deu certo, acabamos matando a nossa autenticidade. O irônico é que justamente a essência própria do autor é aquilo que torna a sua obra cativante. E não há jeito melhor de acessar a autenticidade do que expor tudo o que vem de dentro: pensamentos, reflexões, histórias que ouvimos e que nos chamaram atenção, experiências, detalhes que reparamos no nosso dia a dia. Porque esse olhar sobre as coisas é único, só você tem.

O conhecimento e as histórias que vivemos e ouvimos são só um amontoado de informações se ficarem apenas guardados na memória. Mas, ao serem escritos, ganham vida, viram narrativas, criam uma lógica, capazes de provocar sentimentos no outro e até impactar a vida de alguém. E eles só terão um sentido se você os colocar no papel da maneira mais natural possível, o que requer, em um primeiro momento, não escolher muito as palavras, não se preocupar com o outro, se vai fazer algum sentido. É preciso confiar no processo e saber que uma hora tudo vai se encaixar. Como disse Stephen King em seu livro *Sobre a escrita*:

> *"Palavras criam frases; frases criam parágrafos; às vezes, parágrafos dão sinal de vida e começam a respirar".*

Para isso, você precisa viajar para dentro da sua cabeça, explorar e revisitar todos os cantos do seu mundo e registrar tudo o que encontrar em uma espécie de diário de bordo. Este espaço será um porto-seguro, onde não haverá julgamentos nem opiniões alheias, onde você poderá repousar por um instante, silenciar o mundo externo e mergulhar no seu próprio.

    Sempre que uma ideia, um sonho, um acontecimento, uma epifania chegar de repente, este será o lugar para você registrar e não deixar escapar um detalhe sequer. Em alguns momentos dessa jornada, você também vai se encontrar com grandes autores, aqueles que descobriram formas de trilhar esse caminho da escrita, e vai poder experimentá-las se quiser. As páginas não seguem uma ordem, então você pode transitar livremente por elas: ir e voltar, pular uma, repetir outra, se perder no meio do caminho e até arrancar ou rasgá-las quando a raiva bater.

    Este planner será o seu companheiro. Leve-o para onde for, mesmo que seja para dentro de si mesmo. Pode apostar que você vai descobrir coisas incríveis, tanto suas quanto as que te rodeiam. É assim que se inicia uma grande obra.

Boa viagem!

Renata Sturm

FICHA

TÍTULO:

SUBTÍTULO:

AUTOR (PSEUDÔNIMO):

COLEÇÃO: NÚMERO DE VOLUMES:

EDIÇÃO:

DADOS DO AUTOR

NOME: IDADE:

PROFISSÃO:

REDES:

SITE:

ASSUNTOS PRINCIPAIS

CARACTERÍSTICA

FICÇÃO ◯ NÃO FICÇÃO ◯

PÚBLICO-ALVO:

	SIM	NÃO
ILUSTRADO?	◯	◯
COLORIDO?	◯	◯
BIBLIOGRAFIA?	◯	◯
GRÁFICO?	◯	◯
TABELA?	◯	◯

FAIXA ETÁRIA:

| 0-2 | 2-3 | 3-5 | 5-7 | 7-10 | 10-12 | 12-14 | 14-17 | 17-19 | 19-25 | 25-40 | 40-60 | >60 |

PONTOS FORTES:

_____
_____
_____
_____
_____
_____
_____
_____
_____
_____

PONTOS FRACOS:

_____
_____
_____
_____
_____
_____
_____
_____
_____
_____

MOTIVOS PARA PUBLICAR

PROPÓSITO

0%	10%	20%	30%	40%	50%	60%	70%	80%	90%	100%

GANHO DE AUTORIDADE

0%	10%	20%	30%	40%	50%	60%	70%	80%	90%	100%

FINANCEIRO

0%	10%	20%	30%	40%	50%	60%	70%	80%	90%	100%

ESTOURAR A BOLHA

0%	10%	20%	30%	40%	50%	60%	70%	80%	90%	100%

VAIDADE

0%	10%	20%	30%	40%	50%	60%	70%	80%	90%	100%

PALAVRAS-CHAVE

SINOPSE

SUMÁRIO

CURIOSIDADES

	SIM	NÃO
GANHOU PRÊMIO?	○	○

QUAL?
....

CRIOU CURSO? ○ ○

QUAL?
....

TEM MÉTODO? ○ ○

QUAL?
....

TEVE LEITURA BETA? ○ ○

O QUE DISSE?
....

RECEBEU CRÍTICAS? ○ ○

O QUE DISSE?
....

MARKETING

NOMES PARA ENDOSSAR:
....
....
....
....
....

PLANOS PARA AUTODIVULGAÇÃO:

EDITORAS

TRADICIONAL ◯   AUTOPUBLICAÇÃO ◯

NOME DA EDITORA	E-MAIL	COMO RECEBE

REFERÊNCIAS

AUTORES :

LIVROS:

BOOK PROPOSAL

| 0% | 10% | 20% | 30% | 40% | 50% | 60% | 70% | 80% | 90% | 100% |

MANUSCRITO

| 0% | 10% | 20% | 30% | 40% | 50% | 60% | 70% | 80% | 90% | 100% |

IDENTIDADE VISUAL

| 0% | 10% | 20% | 30% | 40% | 50% | 60% | 70% | 80% | 90% | 100% |

PROJETO COMPLETO

| 0% | 10% | 20% | 30% | 40% | 50% | 60% | 70% | 80% | 90% | 100% |

Eu gostaria de ser um escritor que...

AUTOCONHECIMENTO

AUTOCONHECIMENTO

AUTOCONHECIMENTO

O livro que eu quero escrever (ou já estou escrevendo) vai me ajudar a praticar o meu propósito por essas razões:

AUTOCONHECIMENTO

O livro que eu quero escrever (ou já estou escrevendo) vai me ajudar a ganhar autoridade por essas razões:

AUTOCONHECIMENTO

O livro que eu quero escrever (ou já estou escrevendo) vai me ajudar a estourar a bolha e alcançar muitos leitores por essas razões:

AUTOCONHECIMENTO

Coisas que me fazem querer escrever:

AUTOCONHECIMENTO

> **No geral, qualquer coisa que te leva a escrever e te mantém escrevendo é uma coisa boa. Qualquer coisa que te impede de escrever é uma coisa ruim."**

NEIL GAIMAN

AUTOCONHECIMENTO

Coisas que me impedem de escrever:

AUTOCONHECIMENTO

Eu tenho conhecimento sobre assuntos como...

AUTOCONHECIMENTO

> "O melhor conselho que tenho a dar não é que escreva sobre o que conhece, é que escreva o que gosta. Escreva o tipo de história de que mais gosta – escreva a história que quer ler. O mesmo princípio se aplica à sua vida e carreira: sempre que estiver perdido sobre o que fazer em seguida, pergunte-se: 'O que faria disto uma história melhor?'"

AUSTIN KLEON

O diferencial do meu livro em relação às obras que abordam o mesmo tema é...

Pedi para as pessoas lerem meu livro e elas falaram...

-

-

AUTOCONHECIMENTO

Trechos de um texto meu que odiei:

AUTOCONHECIMENTO

> "Leia seus próprios textos como se você fosse um estranho. Melhor ainda, como se você fosse um inimigo."

ZADIE SMITH

Partes do meu texto que não fazem o menor sentido:

AUTOCONHECIMENTO

Frases que precisam melhorar:

Não estou confiando na veracidade dessas informações que coletei:

AUTOCONHECIMENTO

Talvez o leitor fique confuso com esse trecho:

AUTOCONHECIMENTO

Fiquei entediado nessa parte do texto:

MEMÓRIA

A minha biografia na orelha do meu livro seria escrita da seguinte forma:

Se fosse uma biografia irônica/engraçada, seria assim:

MEMÓRIA

MEMÓRIA

Se fosse uma biografia dramática/sensacionalista, seria assim:

MEMÓRIA

Se a minha vida fosse um livro...

A categoria literária seria:

O título do meu livro seria:

A sinopse seria:

O clímax da história seria:

MEMÓRIA

MEMÓRIA

MEMÓRIA

Reli meus primeiros textos da vida e percebi que muita coisa mudou, como a escrita, o estilo, o formato, os sentimentos, a visão de mundo. Naquela época, acredito que o que me motivava a escrever era...

MEMÒRIA

As principais ideias que eu tinha eram...

MEMÓRIA

MEMÒRIA

Peguei um texto que escrevi recentemente e reescrevi como se eu fosse um adolescente:

MEMÒRIA

MEMÓRIA

Peguei o primeiro livro que vi na minha frente, abri em uma página aleatória, li o primeiro parágrafo, e a primeira lembrança que veio na minha cabeça foi...

MEMÓRIA

As primeiras lembranças da minha infância foram...

Os acontecimentos mais intensos da minha vida foram (e o que eu senti)...

MEMÓRIA

MEMÓRIA

> **Só se escreve com intensidade
> se vivemos intensamente.
> Não se trata apenas de viver
> sentimentos, mas de ser vivido
> por sentimentos."**

MIA COUTO

MEMÓRIA

As experiências mais interessantes que já vivi, li e ouvi foram...

MEMÓRIA

"

Nenhum escritor pode criar do nada. Mesmo quando ele não sabe, está usando experiências vividas, lidas ou ouvidas, e até mesmo pressentidas por uma espécie de sexto sentido."

ÉRICO VERÍSSIMO

MEMÒRIA

MEMÓRIA

Há uma história da minha família que merece ser contada e ela poderia começar assim:

MEMÓRIA

MEMÓRIA

Minha musa (algo ou alguém, real ou não) que me inspira a escrever se chama...

Ela tem as seguintes características:

INSPIRAÇÃO

INSPIRAÇÃO

"

O seu trabalho é garantir que a musa saiba onde você vai estar todo dia, das nove até o meio-dia ou das sete até as três. Se ela souber, tenho certeza de que mais cedo ou mais tarde, ela vai começar a aparecer, mastigando seu charuto e fazendo sua mágica."

STEPHEN KING

Não posso esperar que a musa apareça de repente na hora que ela bem entender. Ela deve ter um encontro marcado comigo, um compromisso, com data, hora e local, para que ela saiba quando e onde deve chegar.

(Mas está tudo bem levar um bolo de vez em quando)

HORA	SEG	TER	QUA

QUI	SEX	SAB	DOM

INSPIRAÇÃO

O tipo de história que eu mais gosto de ler é...

INSPIRAÇÃO

Esses são os autores que mais me inspiram e por quê:

-

-

-

-

-

-

INSPIRAÇÃO

> **Escrita é aprendida pela imitação. Se alguém me perguntasse como eu aprendi a escrever, eu diria que aprendi lendo os homens e mulheres que estavam fazendo o tipo de escrita que eu queria fazer e tentava descobrir como eles fizeram isso."**

WILLIAM ZINSSER

INSPIRAÇÃO

Escolhi um livro de cada autor que citei e reli alguns trechos. A seguir, minhas observações sobre a escrita de cada um:

Título do livro:

Autor:

Observações:

Título do livro:

Autor:

Observações:

INSPIRAÇÃO

Título do livro:

Autor:

Observações:

INSPIRAÇÃO

Título do livro:

Autor:

Observações:

INSPIRAÇÃO

A trilha sonora do meu livro:

Música:
Artista:
Album:

Música:
Artista:
Album:

Música:
Artista:
Album:

Música:
Artista:
Album:

Música:
Artista:
Album:

Música:
Artista:
Album:

Música:
Artista:
Album:

Música:
Artista:
Album:

Música:
Artista:
Album:

INSPIRAÇÃO

"
A música exprime a mais alta filosofia numa linguagem que a razão não compreende."

ARTHUR SCHOPENHAUER

As frases mais verdadeiras que conheço, que li em algum lugar ou que ouvi alguém dizer foram...

INSPIRAÇÃO

> Às vezes, quando eu estava começando uma nova história e não conseguia fazê-la decolar, eu me sentava em frente à lareira e espremia a casca de pequenas laranjas nas chamas, e ficava observando as fagulhas azuis que isso criava. Então ficava de pé e olhava para fora, para acima dos telhados de Paris, e pensava: 'Não se preocupe. Você sempre escreveu antes e vai escrever agora. Tudo o que você precisa fazer é escrever uma frase verdadeira. Escreva a frase mais verdadeira que você sabe'. Então eu finalmente escrevia uma frase verdadeira, e dali seguia em frente. Aí era fácil, porque sempre havia uma frase verdadeira, que eu conhecia ou havia visto ou ouvido alguém dizer."

ERNEST HEMINGWAY

INSPIRAÇÃO

Se eu tivesse o poder de escolher cinco personalidades históricas para endossar o meu livro, ou seja, fazer um elogio, uma crítica, seriam eles (e o que eles diriam):

-

-

Hoje eu acordei e sonhei que...

INSPIRAÇÃO

INSPIRAÇÃO

"
**Quem escreve um livro cria um castelo,
quem o lê mora nele."**

MONTEIRO LOBATO

Hoje à noite tive um pesadelo e foi assim:

Boas ideias de títulos para livros que ainda não escrevi:

Título:

Subtítulo:

Título:

Subtítulo:

Título:

Subtítulo:

Título:

Subtítulo

INSPIRAÇÃO

Rascunho de como seria a capa do meu livro:

INSPIRAÇÃO

INSPIRAÇÃO

Referências:

COLE IMAGENS
AQUI

INSPIRAÇÃO

**COLE IMAGENS
AQUI**

INSPIRAÇÃO

Imagens de cenários que imagino ao escrever a minha história:

COLE IMAGENS
AQUI

INSPIRAÇÃO

COLE IMAGENS
AQUI

INSPIRAÇÃO

As paletas de cores da minha história e personagens seriam...

PALETA 1	PALETA 2	PALETA 3

INSPIRAÇÃO

PALETA 4	PALETA 5	PALETA 6

INSPIRAÇÃO

Se minha família ou grupo de amigos fossem personagens de um livro, cada um deles seria descrito da seguinte forma:

INSPIRAÇÃO

INSPIRAÇÃO

Construção de personagem baseado em pessoas reais.

Pessoas que me causam raiva normalmente são assim:

Pessoas que me alegram geralmente têm as seguintes características:

INSPIRAÇÃO

Pessoas que me dão nojo têm esse tipo de atitude:

INSPIRAÇÃO

Pessoas que fazem eu me sentir confortável normalmente fazem isso comigo:

INSPIRAÇÃO

Pessoas que eu costumo me apaixonar têm os seguintes atributos:

INSPIRAÇÃO

Pessoas que me causam pena se comportam assim:

Pessoas que me intrigam geralmente fazem coisas como...

Acabei de sair do banho e tive a seguinte ideia:

INSPIRAÇÃO

Um mapa mental de um grupo de personagens que se conectam e as razões:

INSPIRAÇÃO

INSPIRAÇÃO

Um mapa mental de histórias que se conectam ao assunto que eu gostaria de abordar no meu livro:

INSPIRAÇÃO

INSPIRAÇÃO

Hoje resolvi escrever em um ambiente diferente e deu nisso:

INSPIRAÇÃO

INSPIRAÇÃO

"

Leve algum material para escrever. Papel é bom, mas pedaços de madeira ou o seu braço também servem."

MARGARET ATWOOD

Acordei de madrugada com uma ideia muito boa na cabeça:

INSPIRAÇÃO

INSPIRAÇÃO

"
Há noites que eu não posso dormir de remorso por tudo o que eu deixei de cometer."

MARIO QUINTANA

Hoje vou me comprometer a terminar qualquer texto/ parágrafo/frase que estou escrevendo. Vou usar esse espaço como um rascunho. Aqui vai:

ESCRITA

Meu vocabulário particular.
Lista das minhas palavras favoritas e os significados que eu defini:

ESCRITA

Lista de palavras que acabei de conhecer e seus significados:

Acabei de chegar em casa e a coisa que mais me chamou atenção pelo caminho foi...

Defini um tema qualquer, escolhi um formato de texto e tentei imitar a maneira como cada autor escreve. O resultado foi esse:

Autor:

Imitição da linguagem:

Autor:

Imitição da linguagem:

Autor:

Imitição da linguagem:

Se a fofoca que ouvi hoje fosse um trecho de um livro, ela seria escrita assim:

Aqui vou tentar explicar um conceito complexo em apenas uma frase de, no máximo, três linhas:

Hoje meu desafio é transformar uma situação banal que aconteceu no meu dia em uma história interessante que possa instigar o leitor:

Hoje eu vou escrever um (ou mais) poema:

ESCRITA

ESCRITA

Vou contar uma história em forma de poema:

Palavras ou termos intensos e complexos que posso substituir no meu texto:

> "Não use palavras exageradas demais para o assunto. Não utilize 'infinitamente' quando deseja dizer 'muito', caso contrário você não terá nenhuma palavra à altura quando você quiser falar sobre algo realmente infinito."

C. S. LEWIS

ESCRITA

> "Não use palavras demais para o assunto. Não utilize inutilmente, quando deseja dizer muito, o caso nome não terá nenhuma palavra à altura quando você quiser falar sobre algo realmente infinito."
>
> — C. S. LEWIS

Vou contar uma história qualquer sem interromper a minha escrita (está proibido reescrever ou editar antes de terminar):

> Escreva livremente e o mais rápido possível, colocando tudo no papel. Nunca corrija ou reescreva até que tudo esteja concluído. Reescrever é um processo que geralmente culmina numa desculpa para não continuar. Também interfere no ritmo, que só surge com algum tipo de associação inconsciente com o material."

JOHN STEINBECK

Hoje minha tarefa é pegar parágrafos de um texto que escrevi e cortar frases que não acrescentam nada de novo:

> **Escrever bem é escrever claro, não necessariamente certo. Por exemplo: dizer 'escrever claro' não é certo mas é claro, certo?"**

LUIS FERNANDO VERISSIMO

ESCRITA

> Escrever bem é escrever claro,
> não necessariamente certo. Por
> exemplo: diga "trouxemos zlam nac"
> e certo mas é claro, certo?

LUIS FERNANDO
VERISSIMO

ESCRITA

Ao juntar um assunto que eu domino com o tipo de história que eu mais gosto de ler, o resultado seria esse:

O vilão da minha história seria assim:

Uma mentira que se esqueceu de acontecer:

> "A mentira é uma verdade que se esqueceu de acontecer."

MARIO QUINTANA

Descrevendo o lugar mais bonito que já visitei sem usar adjetivos:

ESCRITA

Descrevendo o lugar mais asqueroso que já fui sem usar adjetivos:

ESCRITA

A história de vida de cada personagem do meu livro seria...

O dia a dia de cada personagem do meu livro:

Um final clichê para o meu livro:

Um final maluco para o meu livro:

> **Ao vencido, ódio ou compaixão; ao vencedor, as batatas"**
>
> QUINCAS BORBA

"...use palavras exageradas demais para o ...unto. Não utilize 'infinitamente' quando ...eja dizer 'muito', caso contrário você não ...nenhuma palavra à altura quando você ...er falar sobre algo realmente infinito." – ...S. Lewis

"...eia seus próprios textos como se você fosse ...estranho. Melhor ainda, como se você ...sse um inimigo." – Zadie Smith

"Leve algum material para escrever. Papel é bom, mas pedaços de madeira ou o seu braço também servem." – Margaret Atwood

"No geral, qualquer coisa que te leva a ...crever e te mantém escrevendo é uma ...isa boa. Qualquer coisa que te impede d... ...crever é uma coisa ruim."
Neil Gaiman

"...inguém se engane, só se consegue a ...idade através de muito trabalho." – ...ce Lispector

"...garantir que a musa saiba onde ...das noi... até o meio-dia